Martin Schädler

Elektronische Marktplätze in der Automobilindustrie als

GRIN - Verlag für akademische Texte

Der GRIN Verlag mit Sitz in München hat sich seit der Gründung im Jahr 1998 auf die Veröffentlichung akademischer Texte spezialisiert.

Die Verlagswebseite www.grin.com ist für Studenten, Hochschullehrer und andere Akademiker die ideale Plattform, ihre Fachtexte, Studienarbeiten, Abschlussarbeiten oder Dissertationen einem breiten Publikum zu präsentieren.

Martin Schädler

Elektronische Marktplätze in der Automobilindustrie als Informations-Hubs

GRIN Verlag

Bibliografische Information der Deutschen Nationalbibliothek: Die Deutsche Bibliothek verzeichnet diese Publikation in der Deutschen Nationalbibliografie; detaillierte bibliografische Daten sind im Internet über http://dnb.d-nb.de/ abrufbar.

1. Auflage 2004
Copyright © 2004 GRIN Verlag
http://www.grin.com/
Druck und Bindung: Books on Demand GmbH, Norderstedt Germany
ISBN 978-3-638-65222-3

Elektronische Marktplätze in der Automobilindustrie als Information-Hubs

Hausarbeit im Rahmen des WINFOLINE Projektseminars „Unternehmensübergreifende Geschäftsprozesse am Beispiel der Automobilindustrie"

gemäß §7 der Prüfungsordnung für den Weiterbildungsstudiengang WINFOLine Master of Science in Information Systems der Georg-August-Universität Göttingen, Wirtschaftswissenschaftliche Fakultät in der Fassung vom 26.09.2002.

Autor: Martin Schaedler

Inhalt

Abbildungsverzeichnis

Abkürzungsverzeichnis

AIAG	Automotive Industry Action Group
ASP	Application Service Provider
B2B	Business to Business
B2C	Business to Consumer
C2C	Consumer to Consumer
eBusiness	Electronic Business
EDI	Electronic Data Interchange
eProcurement	Electronic Procurement
ERP	Enterprise Ressource Planning
etc.	et cetera
HTTP	Hypertext Transport Protocol
i.d.R.	in der Regel
MM	Material Management
OASIS	Organization for the Advancement of Structured Information Standards
OEM	Original Equipment Manufacturer
PLM	Product Life Cycle Management
SAP	Systeme, Anwendungen, Produkte in der Datenverarbeitung
SCM	Supply Chain Management
sog.	sogenannte
SPLS	Siemens Procurement and Logistics Services
SRM	Supplier Relationship Management
u.a.	und andere
z.B.	zum Beispiel
zw.	zwischen

1 Einleitung und Zielsetzung der Arbeit

Neben den klassischen Produktionsfaktoren Arbeit, Kapital und Boden gewann und gewinnt Information in den letzten beiden Jahrzehnten als strategischer Produktionsfaktor eine immer größere Bedeutung.[1] Dies gilt zunehmend nicht nur für innerbetriebliche Informationsflüsse, sondern auch für Informationsflüsse zwischen Unternehmen. „Die Bildung von zwischenbetrieblichen Kooperationen wird für die beteiligten Akteure immer häufiger zum Instrument der Verbesserung ihrer Wettbewerbsposition in einer globalen Weltwirtschaft."[2] Dies gilt in hohem Maße für die global agierende, äußerst wettbewerbsintensive Automobilindustrie.

Elektronischen Marktplätzen wird gerade im Bereich zwischenbetrieblicher Kooperationen ein großes Mehrwertpotential zugeschrieben. Sie können als zentrale Informationsdrehscheibe fungieren und dadurch eine Vielzahl von Punkt zu Punkt Verbindungen, welche die traditionelle Kommunikation von Unternehmen über IT-Systeme charakterisieren, ablösen. Soweit zur Theorie.

Der radikale Shakeout-Prozess der letzten 2-3 Jahre hat gezeigt, dass viele Marktplatzgeschäftsmodelle ökonomisch nicht darstellbar sind und bzw. oder den Anforderungen des Marktes nicht gerecht werden. Gleichsam ist auch das euphorische Engagement von Unternehmen auf Marktplätzen stark zurückgegangen.

An durchaus erfolgreichen Marktplätzen hat sich jedoch auch gezeigt, dass Unternehmen sehr wohl Mehrwerte aus der Nutzung von elektronischen Marktplätzen ziehen und auch bereit sind, dafür zu bezahlen. In der Automobilindustrie haben sich insbesondere zwei Marktplätze etabliert, SupplyOn, „die Online-Plattform von Zulieferern für Zulieferer" und Covisint, „Connect, Communicate, Collaborate".

Die vorliegende Arbeit analysiert nach einer einführenden Begriffsdefinition Dienstangebot und Strategie dieser Marktplätze und zeigt auf, wo Gemeinsamkeiten und Unterschiede liegen. Insbesondere die Produktstrategie beider

---

[1] vgl. [PiMa98], S. 18
[2] [BuKö00], S. V

Unternehmen ist vor dem Hintergrund der strategischen Neupositionierung von Covisint im Fokus der Betrachtung.

2 Begriffliche Abgrenzung

Um ein einheitliches Begriffsverständnis der verwendeten Terminologie zugrunde legen zu können, werden im Folgenden die zentralen Begriffe der Arbeit definiert.

2.1 Elektronische Marktplätze

Ein Marktplatz im realen Leben wird gemeinhin verstanden als konkreter und räumlich konzentrierter Ort der Zusammenführung der anwesenden Anbieter und Nachfrager zur Durchführung von Geschäftstransaktionen. Typischerweise wird bis auf die Bereitstellung des Marktplatzes selbst keine Mittlerfunktion ausgeübt.[3]

Demgegenüber sind Elektronische Marktplätze virtuelle Orte der Zusammenführung von mehreren Anbietern und Nachfragern, die geschäftliche Transaktionen über elektronische Datenleitungen anbahnen, schließen und durchführen. Wie auf einem realen Marktplatz wird der Handelsraum von einem Betreiber bereitgestellt. Häufig geht das Engagement des Betreibers über die reine Bereitstellung des virtuellen Transaktionsraums hinaus – er wird zum Intermediär, der Anbieter und Nachfrager aktiv zusammenführt und darüber hinaus Geschäftsabschluss und –abwicklung unterstützt. Rüthers / Szegunis gehen sogar so weit, dass sie einen elektronischen Marktplatz mit einem „Online-Intermediär, der fragmentierte Käufer und Verkäufer zusammenführt",[4] gleichsetzen.

Wichtig für die Einordnung als Marktplatz ist das Kriterium der „many to many" Kommunikation: viele Anbieter handeln mit vielen Nachfragern. Hierin besteht der grundlegende Unterschied zu eProcurement Systemen, über die viele Lieferanten mit einem einzelnen Nachfrager kommunizieren („many to one") und

---

[3] vgl. [Koll01], S.35
[4] vgl. [RüSz00], S. 3

zu eShops, über die ein einzelner Anbieter mit seinen Kunden handelt („one to many").[5]

Zur Unterscheidung von Marktplätzen und Portalen sind Funktion und Zielsetzung interessant. Während bei Portalen die Information von Benutzern mit dem Ziel der Geschäftsanbahnung im Vordergrund steht, konzentrieren sich Marktplätze auf die mehr oder minder ganzheitliche Abwicklung von Einkaufs-, Produktions- und Absatzprozessen.[6] In der Praxis wird sich diese strikte Abgrenzung nur schwer durchhalten lassen. Marktplätze stellen zunehmend Informationen zur Geschäftsanbahnung zur Verfügung und Portale entdecken Funktionalitäten zur Transaktionsabwicklung als neues Geschäftsfeld.

Marktplätze lassen sich nach verschiedenen Kriterien kategorisieren, z.B. nach den angebotenen Marktplatzdienstleistungen in Schwarze Bretter (Boards), Kataloge, Börsen und Auktionen.[7]

Darüber hinaus können Marktplätze nach Art der aktiven Marktteilnehmer unterteilt werden in Consumer-to-Consumer (C2C) Marktplätze, auf denen private Anbieter und Nachfrager zusammengeführt werden, in Business-to-Consumer (B2C) Marktplätze, auf denen Unternehmen mit Privatpersonen handeln oder in die uns im Rahmen dieser Arbeit interessierenden Business-to-Business (B2B) Marktplätze, die professionellen Nutzern, d.h. Unternehmen, vorbehalten sind.

B2B Marktplätze lassen sich weiter nach dem Verhältnis von Anbietern und Nachfragern abgrenzen. Man spricht von
- Buy-Side Marktplätzen wie Covisint[8] oder SupplyOn[9] in der Automobilindustrie, wenn die Marktplatzinitiative von einkaufenden Unternehmen gegründet und beeinflusst wird.

---

[5] vgl. [Rein2000], S. 78ff

[6] vgl. [Rein2000], S. 88

[7] vgl. [RüSz00], S. 7

[8] http://www.Covisint.com

[9] http://www.SupplyOn.com

- Sell-Side Marktplätzen, wenn Initiative und Einflussnahme auf verkaufende Unternehmen zurückzuführen sind, wie bspw. der Marktplatz der Kunststofferzeuger, Omnexus.[10]

- neutralen Marktplätzen, wenn Gründung und Betrieb durch einen neutralen Marktplatzbetreiber geleistet werden, z.B. der Automobilzulieferermarktplatz „Newtron Automotive"[11] des Softwareherstellers Newtron.

Weitere Einordnungen beziehen sich auf die Art der unterstützten Geschäftsprozesse in Anbahnungs- oder Abwicklungsmarktplätze, nach der Branchenfokussierung in horizontale und vertikale Marktplätze, nach der Zugänglichkeit in öffentliche oder private Marktplätze oder nach der geographischen Ausdehnung in lokale, nationale, regionale und globale Marktplätze.

2.2 Information Hubs

Eine wissenschaftlich verbreitete und anerkannte Definition des Terminus „Information Hub" sucht man in der Fachliteratur vergebens. Der Terminus ist aus dem englischen entlehnt und setzt sich aus den Begriffen „Information" und „Hub" zusammen.

Information im Kontext der Wirtschaftsinformatik ist im Sinne des pragmatischen Postulats handlungsrelevantes Wissen,[12] (engl. Knowledge). „Hub" bedeutet wörtlich übersetzt „Mittelpunkt", „Drehscheibe" oder „Netzknoten". Ein Information bzw. Knowledge Hub ist demnach eine „Informationsdrehscheibe" über die Akteure handlungsrelevantes Wissen, also Information, austauschen. Im Gegensatz zur EDI Welt, die bis Mitte der 90er Jahre das klassische Modell der „one to one" Kommunikation repräsentierte, vernetzen Information Hubs eine Vielzahl von Marktteilnehmern. So lassen sich Punkt zu Punkt Verbindungen zwischen den unterschiedlichen Geschäftspartnern durch einen zentralen Netzwerkknoten ersetzen. Dadurch sinkt die Anzahl der notwendigen Schnittstellen und Verbindungen zwischen den Geschäftspartnern, wie am folgenden Modell verdeutlicht wird:

---

[10] http://www.Omnexus.com

[11] http://www.newtronautomotive.com

[12] [Kuhl95], S. 34

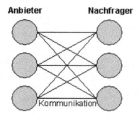

Bild 1: Kommunikationsbeziehungen

In der obigen Darstellung könnte der Begriff des Information Hubs genau so gut durch „Marktplatz" ersetzt werden. Wo liegt nun der Unterschied zwischen Information Hubs und Marktplätzen? Eine Antwort auf diese Frage gibt Warren Raisch, der Marktplätze anhand der Kriterien Prozessintegration und Wertschöpfungsbeitrag in vier Evolutionsstufen klassifiziert.[13]

Am Anfang der Entwicklung standen auf die operative Beschaffung bzw. Absatz von standardisierten Produkten oder Dienstleistungen (z.B. C-Güter) ausgerichtete „Commodity Exchanges" (Warenbörsen). In einer weiteren Phase entwickeln sich „Value Added Marketplaces", die ihren Benutzern durch die Integration von weiteren Teilprozessen, etwa in den Bereichen Projektmanagement, Planung oder Logistik, zusätzliche Mehrwerte bieten. Daraus entstehen schließlich „Global Knowledge Exchanges", die zu den o.g. Funktionalitäten transaktionsrelevantes Wissen, also Information, addieren. Der Marktplatz entwickelt sich zu einer Wissens- oder Informationsdrehscheibe, einem Knowledge- bzw. Information Hub, über das fallweise interagierende Geschäftspartner koordiniert Informationen austauschen können, bspw. indem ihre Logistiksysteme während des Einkaufsprozesses über zentrale Marktplatzschnittstellen Anfrage-, Angebots, Bestell-, und Abwicklungsinformationen kommunizieren. Die finale Evolutionsstufe repräsentieren sog. „Global Value Trust Networks", welche die gesamte Wertschöpfungskette auf überbetrieblicher Ebene unterstützen, insbesondere kollaborative Tätigkeiten, bspw. im Engineering-Bereich. Auf dieser Geschäftsplattform formen sich ständig neue Marktplätze, Unternehmen und Personen zu virtuellen Wertschöpfungsketten.

---

[13] vgl. [Rais2000]

Knowledge- bzw. Information Hubs repräsentieren demnach eine fortgeschrittene Evolutionsstufe von Marktplätzen, die neben reinen Abwicklungs- und Mehrwertfunktionalitäten handlungsrelevantes Wissen über Geschäftspartner, Transaktionen und Kommunikationsmechanismen aus unterschiedlichen betrieblichen Funktionsbereichen integrieren und bereitstellen:

Bild 2: Integration geschäftsprozessrelevanter Information als Information Hub[14]

2.3 Automobilindustrie – Wertschöpfung und Prozesse

Die deutsche Automobilindustrie nimmt weltweit eine Spitzenposition ein und ist in Deutschland eine nicht mehr wegzudenkende, volkswirtschaftliche Schlüsselgröße. Die Branche ist geprägt durch einen intensiven globalen Entwicklungs-, Fertigungs- und Absatzwettbewerb der OEMs (Original Equipment Manufacturers: Automobilhersteller), die den daraus resultierenden Innovations- und Kostendruck an ihre Zulieferer weiterreichen müssen.

Die Wertschöpfungskette in der Automobilindustrie ist gekennzeichnet durch OEMs und Zulieferer verschiedener Stufen, sog. „Tiers". I.d.R. beschaffen OEMs wie Daimler-Chrysler oder Volkswagen komplette Module (Lenksysteme, ABS, Cockpit etc.) von großen, global operierenden Tier-1 Zulieferern wie Robert Bosch, ZF Friedrichshafen oder Continental. Diese wiederum beziehen Kernkomponenten von mittelständischen Tier-2 Zulieferern, die wiederum Einzelteile bei kleineren Tier-3 Zulieferern einkaufen. Im Durchschnitt beliefert ein Tier-2 Unternehmen fünf Tier-1 Unternehmen.[15] Die Verhandlungsmacht liegt

---

[14] In Anlehnung an [Rais2000], S. 169

[15] vgl. [BuKö00], S. 214

im Einkauf aufgrund der großen Beschaffungsvolumina beim OEM bzw. den großen Tier-1 Zulieferern gegenüber den nachgelagerten Tier-Stufen. Das folgende Schaubild zeigt idealisiert, wie die einzelnen Wertschöpfungsstufen (einschl. ihrer Geschäftsprozessschritte) vernetzt sind:

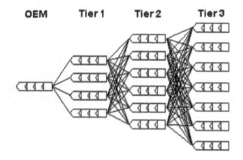

Bild 3: Idealisiertes Beschaffungsnetzwerk der Automobilindustrie

Im Gegensatz zum idealisierten Schaubild oben ist die reale Vielfalt der Kunden-Lieferanten-Beziehungen in der Automobilindustrie teilweise schwer zu durchschauen. Da viele große Tier-1 Zulieferer nach und nach Unternehmen nachfolgender Wertschöpfungsstufen akquirieren, kommt es häufiger zu Konstellationen, in denen der Geschäftspartner gleichzeitig Wettbewerber ist. Große Tier-1 Zulieferer wie Magna oder Karmann sind in der Lage, OEMs nicht nur mit Modulen, sondern mit kompletten Fahrzeugen zu beliefern, wie bspw. Karmann mit dem Mercedes CLK oder dem Audi Cabriolet. Umgekehrt kaufen OEMs strategische Zulieferer auf und erhöhen so ihre Fertigungstiefe.

Dieses Geflecht an Beziehungen manifestiert sich in intensiven Kollaborations-prozessen im Rahmen von Entwicklung, Einkauf, Fertigung und Logistik. Um ein Automobil mit Tausenden von Einzelteilen zu entwickeln und zu fertigen, müssen sämtliche Lieferungen und Leistungen von Zulieferern entlang der Wertschöp-fungskette exakt koordiniert werden. Dies beginnt bei der gemeinsamen Produktentwicklung und führt über den Einkaufsprozess bis hin zur Lieferung und Rechnungsabwicklung.

3 Elektronische Marktplätze in der Automobilindustrie

Im nun folgenden Teil der Darstellung wird aufgezeigt, mit welchen Dienstleistungen bzw. Funktionalitäten zwei führende Marktplätze der Automobilindustrie, Covisint und SupplyOn, den Produktentwicklungs-, Einkaufs- und Logistikabwicklungsprozess unterstützen und welche strategische Ausrichtung diese Unternehmen verfolgen. Dabei wird sich die Arbeit auf die produktstrategische Ausrichtung der Unternehmen konzentrieren.

3.1 Covisint

Covisint (Detroit) wurde im Jahr 2000 im Rahmen eines Joint Ventures von den OEMs General Motors, Daimler-Chrysler, Ford, Renault-Nissan und den Technologiepartnern CommerceOne und Oracle gegründet und mittlerweile durch Peugeot-Citroën verstärkt. Covisint beschäftigt aktuell ca. 130 Mitarbeiter, operiert international mit Niederlassungen in Amsterdam, Tokio, Frankfurt, Paris und Brasilia und bietet Services für Einkauf, Fertigung und Logistik.

Auch wenn der Marktplatz bezüglich Transaktionsvolumen noch immer in der Industrie führend ist, konsolidiert das Unternehmen seit ungefähr einem Jahr sehr deutlich, was auf massive wirtschaftliche Probleme schließen lässt. Mehr als die Hälfte der früher ca. 380 Mitarbeiter wurden freigesetzt und eine weitere Reduktion der Belegschaft erscheint vor dem Hintergrund der aktuellen Gespräche über den Verkauf des gesamten Auktions- und Anfragegeschäfts an den Auktionsdienstleister Freemarkets[16] und der zum Jahresende 2003 bevorstehenden Einstellung des Kataloggeschäfts wahrscheinlich.[17]

Während das bisherige Dienstportfolio des Marktplatzes deutlich reduziert wird, investiert das Unternehmen im Rahmen seiner strategischen Neupositionierung als „Connectivity Services Provider" in den Aufbau des Messaging Hubs, das der Automobilindustrie zukünftig eine flexiblere Alternative zum traditionellen Datenaustausch via EDI liefern soll.

---

[16] Anonyme Quelle

[17] vgl. [Kisi2003]

3.1.1 Covisint - Dienste

3.1.1.1 Collaborative Engineering und Qualitätssicherung

- Library Services (nur innerhalb der Portallösung): Webbasiertes Dokumentenmanagement, mit dem einkaufende Unternehmen ihren Lieferanten Dokumente (Hausnormen, Zeichnungen, Spezifikationen) bereitstellen.

- Collaboration Manager (in 2003 eingestellt): Virtueller Projektraum für Collaborative Engineering Teams von Kunden und Zulieferern (in Zusammenarbeit mit MatrixOne).

- Problem Solver: Software, die den Problemlösungsprozess zw. Kunde und Zulieferer strukturiert und vereinfacht.

3.1.1.2 Einkauf

- Quote Manager (in 2004 Einstellung wahrscheinlich): Einkaufswerkzeug zur strukturierten Ausschreibung von Direktmaterial, größtenteils komplette Module und Komponenten.

- Auktionen (in 2004 Einstellung wahrscheinlich): Auktionssoftware zur Durchführung von Einkaufsauktionen mit verschiedenen Konfigurationsparametern.

- Catalog (wird Ende 2003 eingestellt): Kataloglösung für indirekte Güter.

- Sourcing Directory (nur innerhalb der Portallösung): Lieferantenverzeichnis mit strukturierten, vom Einkäufer durchsuchbaren Lieferanteninformationen.

3.1.1.3 Logistikabwicklung

- Supplier Connect: derzeit im Roll-Out befindliche, eigenentwickelte WebEDI Lösung, die ins kommende Covisint „Messaging Hub" integriert werden soll.

3.1.1.4 Content Services

- Supplier Bulletin (nur innerhalb der Portallösung): Software zur Formalisierung der Kunden-Lieferanten Kommunikation über definierbare Workflows.

- Content Management (nur innerhalb der Portallösung): Lösung zur Verwaltung von Content.

3.1.1.5 Kundenspezifische Portallösungen

Eigenentwickelte ASP (Application Service Provider) Lösung zum Aufbau kundenspezischer Portale. Die Lösung ermöglicht Benutzern den Zugriff auf alle Covisint-Produkte und beinhaltet die Produkte Library Services, Sourcing Directory, Supplier Bulletin und Content Management.

3.1.2 Covisint – Strategische Ausrichtung

Covisint ist international ausgerichtet mit Fokus auf den Heimatmarkt USA. Gegründet von OEMs hat sich das Unternehmen bislang auf diese Klientel und auf große amerikanische Tier-1 Zulieferer wie z.b. Delphi konzentriert. Neben der Zusammenarbeit mit Technologiepartnern wie CommerceOne, Oracle und MatrixOne hat das Unternehmen großzügig in den Ausbau eigener Entwicklungskapazitäten investiert, die im Rahmen der o.g. Konsolidierung teilweise wieder abgebaut wurden. Insgesamt hat sich Covisint jedoch vom reinen Marktplatzdienstleister zu einem Softwareanbieter mit angeschlossenem Marktplatz entwickelt. Am deutlichsten wird dies an der Eigenentwicklung des Covisint Connect, dem tragenden Element der Anfang des Jahres angekündigten Neupositionierung als branchenspezifisches Information Hub.

In diesem Zug löst sich Covisint allmählich vom Marktplatzapplikationsgeschäft, in dem es groß geworden ist: „Part of doing that is to undo ourselves from the application area of business."[18] Dies geschah nicht zuletzt aus der Erkenntnis, dass Marktplatzdienstleister das eigene Applikationsgeschäft immer häufiger an ERP- (Enterprise Ressource Planning) Anbieter verlieren.[19]

Covisint Connect ist ein deutlicher Schritt weg vom traditionellen, durch aufwendige und vor allem schwer zu standardisierende Geschäftslogik gekennzeichneten Applikationsgeschäft, das auf eine möglichst durchgängige Abbildung von kollaborativen Geschäftsprozessen abzielt.

Statt Anwendungen selbst auf dem Marktplatz bereitzustellen, konzentriert sich Covisint Connect auf das Routing (Weiterleiten), Mapping (Formatumsetzung) und Standardisierung von Nachrichten, die durch Backend ERP-Systeme

---

[18] Paul Manns, Covisint Marketing Director in: [Kisi2003]

[19] vgl. [Rode01]

erzeugt und mit Geschäftspartnern ausgetauscht werden. Zielsetzung ist die Optimierung der Kommunikation elektronischer Dokumente zwischen Kunden und Lieferanten als Alternative zu den teuren Punkt zu Punkt Verbindungen über klassisches EDI. Standardisierungsaktivitäten kommen in diesem Rahmen eine besondere Bedeutung zu, denn nur wo Standards definiert sind, kann die Kommunikation formalisiert und elektronisch abgebildet werden. Covisint engagiert sich deshalb sehr stark in verschiedenen Standardisierungsorganisationen, wie CEFACT (Centre for Trade Facilitation and Electronic Business) und OASIS (Organization for the Advancement of Structured Information Standards), einem Verbund zur Definition internationaler Standards im eBusiness, dem eine Reihe von weiteren Standardisierungsorganisationen, darunter die Automotive Industry Action Group (AIAG) und RosettaNet, sowie 28 führende Technologieunternehmen angehören.

Covisint beabsichtigt dadurch die Etablierung von Standards für den elektronischen Geschäftsdatenaustausch in der Automobilindustrie als Ausgangsbasis und in einem nächsten Schritt die strategische Positionierung der Covisint Connect Lösung als reale Implementierung dieser Standards.

3.2 SupplyOn

Die im Januar 2000 von den führenden Tier-1 Automobilzulieferern Robert Bosch, INA Schaeffler, ZF Friedrichshafen, Continental und der SAP als Technologiepartner gegründete SupplyOn AG (München) betreibt den gleichnamigen B2B Buy-Side Marktplatz für Automobilzulieferer, dem sich mittlerweile mehr als 3.600 Zulieferer nachfolgender Tier Stufen angeschlossen haben.

SupplyOn beschäftigt mehr als 60 Mitarbeiter, ist mit einer Zweigstelle in Detroit international ausgerichtet und bietet seinen Kunden einen breiten und standardisierten Funktionsumfang für fast alle Teilprozesse des Collaborative Engineering, Einkauf und Logistikabwicklung. Alle Gründungsunternehmen sind über eine standardisierte Backend-Integration an den Marktplatz angeschlossen.

Nahezu alle Funktionalitäten, die SupplyOn anbietet, sind durch die SAP auf Basis von SAP Standardsoftwareprodukten implementiert worden. In den

folgenden zwei Jahren werden weitere Funktionalitäten im Engineering-, Einkaufs- und Logistikbereich hinzukommen, die eine vollständige Prozessintegration gewährleisten. Konkret wird derzeit an der Entwicklung einer APQP-Software (Advanced Program Quality Planning: Standardisierter Prozess zur Sicherung von Produkt- und Prozessqualität bei Zulieferern), einer Lösung für den Projekteinkauf und weiteren WebEDI Nachrichtentypen gearbeitet. Parallel hierzu werden die bereits im Betrieb befindlichen Applikationen über eine einheitliche Marktplatzinfrastruktur integriert. Die technischen Voraussetzungen werden aktuell mit der Einführung einer zentralen B2B-Integrationsarchitektur mit einem über alle Marktplatzanwendungen einheitlichen Benutzermanagement, Stammdatenverwaltung und Backend ERP-Schnittstellen geschaffen. Im Einzelnen bietet der Marktplatz derzeit folgende Services an.

3.2.1 SupplyOn - Dienste

3.2.1.1 Collaborative Engineering und Qualitätssicherung

- Document Manager: Webbasiertes Dokumentenmanagement, mit dem einkaufende Unternehmen Dokumente (Hausnormen, Zeichnungen, Spezifikationen) an Lieferanten verteilen.
- CAD Converter: Werkzeug zur Konvertierung von CAD Dateien in Alternativformate.
- Project Folders (Pilotstadium): Virtueller Projektraum für Collaborative Engineering Teams von Kunden und Zulieferern.
- Performance Monitor: Darstellung der Lieferantenbewertungen von einkaufenden Unternehmen zur Qualitätssicherung.

3.2.1.2 Einkauf

- Business Directory: Lieferantenverzeichnis ähnlich der Gelben Seiten, mit strukturierten, vom Einkäufer durchsuchbaren Lieferanteninformationen.
- Sourcing Manager: Einkaufswerkzeug zur strukturierten Ausschreibung von Direktmaterial, größtenteils komplette Module und Komponenten.
- Bidding: Auktionssoftware zur Durchführung von Einkaufsauktionen mit verschiedenen Konfigurationsparametern.
- Catalog Solution Kataloglösung für indirekte Güter (in Kooperation mit SPLS).

3.2.1.3 Logistikabwicklung

- WebEDI: Vom einkaufenden Unternehmen via EDI gesendete Daten werden im Browser für Lieferanten als Webformulare visualisiert.
- VMI (Vendor Managed Inventory): Erlaubt die webbasierte Verwaltung der Kundenlagerbestände durch Zulieferer.

3.2.2 SupplyOn - Strategische Ausrichtung

Wie Covisint ist auch SupplyOn international ausgerichtet, allerdings mit Fokus auf den Heimatmarkt Deutschland. SupplyOn wurde als Tier-1 Gegenoffensive zum OEM Marktplatz Covisint gegründet, denn gerade die großen Tier-1 Zulieferer, die zu den Gründungsgesellschaftern von SupplyOn zählen, haben Covisint nie als neutralen Marktplatz, sondern als Werkzeug der OEMs betrachtet, mit dem diese ihnen ihre Spielregeln im Einkauf und Engineering aufoktruieren können. Besonders kritisch aus Tier-1 Sicht ist dabei die für den OEM zumindest theoretisch transparente Zuliefererstruktur und -kommunikation der Tier-1 Unternehmen, die diese als wichtigen strategischen Vorteil betrachten.

SupplyOn konzentriert sich auf die Optimierung der Beschaffungsprozesse zwischen Tier-1 und nachgelagerten Tier-Stufen. Doch auch im OEM Umfeld ist das Unternehmen in letzter Zeit erfolgreich, was sich u.a. an der Kooperation mit der VW Beschaffungsplattform VWGroupSupply.com[20] (2001) und dem Vertragsabschluß mit BWM über die Nutzung der WebEDI Lösung (2003) zeigt. Gerade die OEMs, die nicht zu den Anteilseignern von Covisint zählen, sind ein potentieller Kundenkreis für SupplyOn.

Im Unterschied zu Covisint hat SupplyOn sämtliche Technologieleistungen an den Technologiepartner SAP, der die Softwareentwicklung und Backendintegration übernimmt und den Hosting-Anbieter TDS, der den gesamten technischen Applikationsbetrieb gewährleistet, ausgelagert. SupplyOn konzentriert sich auf Produktmanagement (Evaluation und Konsolidierung der Marktanforderungen, Steuerung des Entwicklungspartners SAP, Releasemanagement, Consulting und Roll-Out der Lösungen) und Lieferantenmangement (Registrierung, Schulung, Call-Center Betrieb). Eigene Softwareentwicklungsaktivitäten betreibt SupplyOn

---

[20] http://vwgroupsupply.com

nicht, von einigen Schnittstellenentwicklungen für die Backend ERP-Integration abgesehen.

Während sich Covisint aus dem Applikationsgeschäft zurückzieht, investiert SupplyOn nach wie vor in die Entwicklung neuer und die Integration vorhandener Marktplatzapplikationen. Diese strategische Entwicklung ist bedingt durch die äußerst enge Kooperation mit SAP. Das Verhältnis von SAP und SupplyOn ist nicht immer einfach. Wie für Covisint (vgl. *3.1.2 Covisint – Strategische Ausrichtung*) gilt auch für SupplyOn, dass das eigene Applikationsgeschäft, v.a. im Bereich der margenträchtigen Einkaufslösung (Sourcing Manager), in immer stärkerem Maße von eProcurement Produkten der ERP Anbieter bedroht wird. Deutlich wird dies an der neuen Supplier Relationship Management (SRM) Software der SAP, einer kompletten Suite für Collaborative Engineering, eProcurement (Auktionen, Anfragen, Kataloge), Lieferantenregistrierung, -mangement und –kontrolle, die auf die selben Geschäftsprozesse abzielt, wie die SupplyOn Marktplatzlösungen. Ein Teil der SupplyOn Marktplatzapplikationen basiert zudem auf weiterentwickelten SAP SRM Standardkomponenten.

Häufiger ist es in der Praxis zu Überschneidungen von SupplyOn und SAP Vertriebsaktivitäten gekommen, in deren Rahmen ein potentieller Kunde für eine Beschaffungslösung zeitgleich von den jeweiligen Vertriebsmitarbeitern angesprochen wurde, was zu Verwirrung und Investitionsunsicherheiten bei Kunden führt, da SAP vom Markt einerseits als Mitbewerber zu SupplyOn und andererseits als Investor und Technologiepartner wahrgenommen wird. Um diese kontraproduktive Situation zu beseitigen, verständigen sich SupplyOn und SAP derzeit auf ein neuartiges Kooperationsmodell, das wesentliche Züge einer Symbiose von Standardsoftwarehersteller und Marktplatzbetreiber trägt.

Wie bereits dargestellt wurde, überschneidet sich der funktionale Umfang von mySAP SRM- und Marktplatzfunktionalitäten erheblich. Sowohl Marktplatz, wie SRM Lösung bieten Funktionalitäten zur Lieferantenregistrierung und – verwaltung, zur Selektion von Lieferanten und zur Durchführung von Ausschreibungen und Einkaufsauktionen.

Der Marktplatz verfügt jedoch im Gegensatz zu einer „leeren" SRM Implementierung über eine große Anzahl registrierter Lieferanten, eine strukturierte Lieferantendatenbank und eine standardisierte Ausschreibungs- und Auktionsfunktionalität, über die alle registrierten Lieferanten angefragt werden können. Für ein einkaufendes Unternehmen ist dies ein Vorteil, da bspw. Lieferantenregistrierung und –management und der Betrieb der eProcurement Applikation auf den Marktplatz ausgelagert werden können.

Doch die jeweiligen Stammdaten der Beschaffung, Materialstammdaten, Bedarfsdaten u.a. sind nach wie vor im ERP System des einkaufenden Unternehmens. Eine durchgängige Abbildung des Beschaffungsprozesses kann somit nur durch eine Integration von Marktplatz und SRM erreicht werden (siehe *Anhang: Integration von SRM und Marktplatz*). Der schwierigen Aufgabe, die Geschäftslogik unterschiedlichster Unternehmen zu integrieren, kommt SupplyOn über die Kooperation mit SAP nach. SAP implementiert über die entsprechenden SRM Installationen einen de-facto Standard bei SAP Kunden, der bezüglich der verwendeten Technologien und der definierten Geschäftsprozesse kompatibel zu den Marktplatzdiensten von SupplyOn ist. SupplyOn konzentriert sich darüber hinaus auf Funktionalitäten, die Synergieeffekte kapitalisieren, z.B. auf Registrierung, Betreuung und Management der Lieferanten. In diesem Rahmen fungiert SupplyOn als zentrales Information Hub für Einkäufer und Lieferanten, auf der einen Seite die einkaufenden Unternehmen der Tier-1 Industrie, deren Backend Systeme an den Marktplatz angebunden sind, auf der anderen Seite Lieferanten, die vorrangig über ein Web-Frontend auf die Marktplatzapplikationen zugreifen und so fallweise in Geschäftsbeziehungen integriert werden können. In diesem Sinne ist SupplyOn nicht nur Informationsdrehscheibe, sondern durch die standardisierten Marktplatzapplikationen auch Kommunikationsinstrument von Kunde und Lieferant.

Bildlich gesprochen fungieren SupplyOn Marktplatzapplikationen bei einkaufenden Unternehmen als externes Plug-In für ERP Systeme zur Abbildung kollaborativer Geschäftsprozesse. Die o.g. Interessenkonflikte beim Vertrieb von SRM- und Marktplatzlösungen können im Rahmen eines Provisionsmodells, bei

dem der SAP Vertrieb SupplyOn Services auf Provisionsbasis anbietet, weitgehend eliminiert werden.

4 Abschließende Bewertung

Die Gemeinsamkeiten von Covisint und SupplyOn liegen auf der Hand. Beides sind Buy-Side Marktplätze der Automobilindustrie, beide sind international ausgerichtet und haben sich, zumindest anfänglich, auf die durchgängige Optimierung von Engineering-, Beschaffungs- und Logistikprozesses konzentriert.

Dennoch, die Unternehmen könnten unterschiedlicher kaum sein. Covisint, ein US-amerikanisches Unternehmen, gegründet von OEMs, fokussiert auf kooperative Geschäftsprozesse zw. OEM und Tier-1. SupplyOn, quasi eine Gegenreaktion der Tier-1 Zulieferer auf Covisint ist ein deutsches Unternehmen, fokussiert auf Geschäftsprozesse zw. Tier-1 und nachfolgenden Tier-Stufen. Von diesem Standpunkt betrachtet, sind beide Unternehmen weniger kompetitiv, als eher kompatibel aufgestellt. Dies gilt auch für die Produkt- und Entwicklungsstrategie beider Unternehmen, die von der gemeinsamen Wahrnehmung getrieben wird, dass das reine Applikationsgeschäft zunehmend durch eProcurement Produkte der ERP-Hersteller bedroht wird.

Während Covisint sich als Konsequenz mehr und mehr aus dem Applikationsgeschäft zurückzieht, schmieden SAP und SupplyOn an einem neuartigen Kooperationsmodell, in dessen Rahmen beide Unternehmen gemeinsam komplementäre Produkte entwickeln und vertreiben.

Auch vor diesem Hintergrund erscheint die Ausrichtung von Covisint und SupplyOn durchaus vereinbar. Covisint fungiert als Information Hub von OEMs und Tier-1 Unternehmen und SupplyOn als Information Hub und Kommunikationsmedium von Tier-1 Unternehmen abwärts der Wertschöpfungskette. Eine Konstellation, die durchaus ihren Charme hat, denn Geschäftsprozesse zw. OEMs und Tier-1 lassen sich weitaus eher ohne eigene Applikationslogik abbilden, da beide Geschäftspartner ausgereifte ERP-Systeme (i.d.R. sogar SAP Systeme) mit eigener Geschäftslogik einsetzen. Geschäftsprozesse zw.

Tier-1 und nachgelagerten Tier-Stufen bedingen aufgrund der wesentlich weniger ausgereiften oder überhaupt nicht vorhandenen ERP Funktionalitäten bei den Lieferanten eine Marktplatzapplikation.

Tatsächlich sind in der jüngeren Vergangenheit vor dem Hintergrund der schwierigen wirtschaftlichen Lage von Covisint Gespräche über eine Kooperation mit SupplyOn angestrengt worden, die aber eben aus diesem Grund bislang von SupplyOn Seite nicht weiterverfolgt worden sind. Ob sich daran zukünftig etwas ändert, wird maßgeblich durch den Erfolg der strategischen Neuausrichtung von Covisint beeinflusst. Eine derzeit wahrscheinlichere Alternative besteht darin, dass SupplyOn, auch über die Kooperation mit SAP, weitere OEMs als Kunden gewinnt und damit in der Lage ist, die gesamte Wertschöpfungskette vom OEM bis hin zum Tier-n Zulieferer zu integrieren.

Anhang: Integration von SRM und Marktplatz

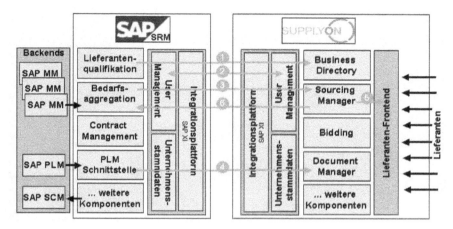

Bild 4: Integration von SRM und Marktplatz

Prozessszenario im Einkauf für die Integration von mySAP SRM- und SupplyOn Marktplatzlösung:

1. Zur Lieferantenqualifikation kann ein Einkäufer auf die strukturierten Lieferantendaten des SupplyOn Business Directories zugreifen.

2. Sind geeignete Lieferanten ausgewählt, können die Stammdaten über eine Synchronisation der Benutzer- und Unternehmensdaten in das SRM Modul eingespielt werden.

3. Im SRM Modul definiert der Einkäufer nun Materialbedarfe und selektiert die bereits qualifizierten und synchronisierten Lieferantendaten für eine Ausschreibung. Die im SRM konsolidierten Bedarfe mehrerer mySAP MM (Material Management) Materialdispositionssysteme können im Rahmen der nun folgenden Ausschreibung vom SRM Modul an den SupplyOn Sourcing Manager konsolidiert übergeben werden.

4. Mitgeltende Dokumente (Normen, Spezifikationen etc.) werden zeitgleich vom PLM (Product Life Cycle Management) Backend an den Marktplatz übergeben und so den Lieferanten zur Verfügung gestellt. Am Ende der Ausschreibung kann der Einkäufer entscheiden, ob er die Preisbildung beenden will oder alternativ mit den besten Lieferanten eine zusätzliche Auktion durchgeführt wird, um den Einkaufspreis weiter zu senken.

5. Über den SupplyOn Marktplatz werden die Lieferanten zur Teilnahme an der Ausschreibung aufgefordert.

6. Nach Zuschlagsvergabe werden die Ausschreibungsdaten als Materialdisposition ins SRM synchronisiert und im MM (Material Management) Backend Modul als Bestellung erfasst. Eine Schnittstelle zur mySAP SCM Komponente ermöglicht zusätzlich die Integration in die Logistikabwicklung.

Literatur

[BuKö00]	Buxmann, Peter; König, Wolfgang; Fricke, Markus; Hollich, Frank; Diaz, Martin; Weber, Sascha: Zwischenbetriebliche Kooperationen mit mySAP.com. 2. Aufl., Springer, Berlin 2000.
[Kisi2003]	Ralph Kisiel: Covisint reworks communication. Automotive News Europe vom 06.10.2003.
[Koll01]	Kollmann, Tobias: Virtuelle Marktplätze: Grundlagen – Management – Fallstudie. Vahlen, München 2001.
[Kuhl95]	Kuhlen, Rainer: Informationsmarkt – Chancen und Risiken der Kommerzialisierung von Wissen, Universitätsverlag, Konstanz 1995.
[PiMa98]	Pietsch, Thomas; Martiny, Lutz; Klotz, Michael: Strategisches Informationsmanagement. 3. Auflage. Schmidt, Berlin 1998.
[Rais2000]	Raisch, Warren: The eMarketplace: Strategies for Success in B2B eCommerce. McGraw-Hill, New York 2000.
[Rein2002]	Reindl, Matthias, Gerhard Oberniedermaier: eLogistics. Addison-Wesley, Boston 2002.
[Rode01]	Roderer, Ulrich: E-Procurment braucht keine Marktplätze. Information Week 25/2002. http://www.informationweek.de/index.php3?/chanels/channel04/022514.htm. Abruf am 2003-09-22.
[RüSz00]	Rüther, Michael; Jörn Szegunis: Einführung Elekrtonische Marktplätze. Fraunhofer ALB, Paderborn 2000.

Eidesstattliche Erklärung

Ich versichere, dass ich die vorliegende Hausarbeit selbständig verfasst und keine anderen als die angegebenen Quellen und Hilfsmittel benutzt habe. Alle Stellen, die wörtlich oder sinngemäß aus Veröffentlichungen oder anderen Quellen entnommen sind, sind als solche kenntlich gemacht.

Die Arbeit hat in gleicher oder ähnlicher Form noch keiner Prüfungsbehörde vorgelegen.

Konstanz, den 10. January 2005